봄의 지퍼가 터지다

봄의 지퍼가 터지다

안진숙 시집

창연

시인의 말

나의 유년시절
아궁이 속으로 얼마나 많은 시들을 불태웠던가
시에게 미안하다.

근육질 단단하지 못한 어린아이를
세상밖으로 내 보내는 마음이다.

마음이 마음에게 시가 시에게
서로서로 추억을 잘 버무리는
맛있는 시가 익어가길 바란다.

        2023. 7. 안진숙

차례

시인의 말 • 5

1부_봄의 지퍼가 터지다

골목 안 풍경 · 13
땅따먹기 · 14
엄마 · 15
수박꽃 · 16
삼월 삼진날 · 17
호박꽃 안부 · 18
봄의 지퍼가 터지다 · 19
베토벤 · 20
얄궂어라 · 21
누드 · 22
절벽의 봄 · 23
함안역 · 24
두꺼비의 겨울나기 · 25
부지깽이 낙서 · 26
쇠비름 · 27
쑥을 캔다 · 28
봄 · 30

2부_희망 그물 짜기

앉은뱅이 풀 · 33
능멸 · 34
유효기간 · 35
2009년 4월 1일 · 36
공갈빵 · 37
병원비 · 38
용지공원 · 39
영화를 찍다 · 40
어느 봄날 · 41
바람의 일기 · 42
수족관의 풍경 · 43
희망 그물 짜기 · 44
청개구리 · 45
시월의 마지막 밤 · 46
바리스타의 의수 · 48

3부_치매병동

검둥이 · 51
개구리울음 소리 · 52
냉이꽃 · 53
동백꽃 피던 날 · 54
북천 코스모스 · 55
인연 · 56
검버섯 · 57
벼꽃이 피던 날 · 58
쓰레기 올림 · 59
치매병동 · 60
아들 걱정 · 61
행사장에서 · 62
로또 · 63
동무 · 64
맛있는 사투리 · 66
쑥을 캐면서 · 68

4부_통기타를 배우며

스타키 산세베리아 · 71
원+원 · 72
기억 · 73
내원사 · 74
코로나19 · 75
허공에도 원룸을 짓는다 · 76
외할머니 · 77
대화 · 78
일일 남편 · 80
연장 · 81
불모산 저수지에서 · 82
통기타를 배우며 · 83
쫀디기 · 84
안구건조증 · 85
생쥐깡을 먹으며 · 86
말장난 · 87
전립선 아리랑 · 88
비상구는 없다 · 89

■ 시집 해설
삶을 이기는 해학諧謔의 지혜 · 91
    임창연(시인·문학평론가)

1

봄의 지퍼가 터지다

골목 안 풍경/ 땅따먹기/ 엄마/ 수바꽃/ 산월 산진날/ 호박꽃 안부/ 봄의 지퍼가 터지다/ 베토벤/ 얄궂어라/ 누드/ 절벽의 봄/ 함안역/ 두꺼비의 겨울나기/ 부지깽이 낙서/ 쇠비름/ 쑥을 캔다/ 봄

골목 안 풍경

월영남 5길 8번지
좁은 골목 안 좌판
한쪽 대문만 빼꼼이 열려 있는
하루
한 번 오가는 길
딱히 살 것 없어 쪽파를 샀다
오천 원짜리 한 장, 머리에 쓱쓱 문질러
줌치에 넣고
거스름돈 다른 줌치에서 꺼낸다
할머니 계산법
쪽파값 계산하지 않고 천 원짜리
다섯 장 거슬러 받아
다시 그 돈으로 쪽파 값을 계산하니
아가씨 고마우이 하신다
자꾸 불러주는 아가씨란 호칭
지나가는 행인들 힐끔힐끔 쳐다본다
쪽파값은 하락했고 아가씨 값은
천정부지로 올라
그 당혹감 어찌하지 못해
사징님
아가씨 아닙니다 했더니
사장은 무슨 사장 하시며
구십 넘은 할머니가 손사래를 친다

땅따먹기

고라니 똥이
데굴데굴 굴러
산 아래
텃밭에서 헉헉거리고
대파도 잡풀 밑에 엎드려 있다
빈 젖
빨고 있는 아기 옥수수 눈도 새까맣다
울타리 밖
돼지감자 씰룩씰룩 땅 밑으로 코를 박고
아침 일찍
아기 도토리도 툭툭 돌팔매질한다
내 키보다 큰 풀 머리채 다 뽑고
땅따먹기 호미질 바쁘다
아직 심지도 않은
상추 쪽파 배추 부추가 푸른 팔 걷어붙이고
가위바위보
땅따먹기 놀이 바쁜 날

엄마

봄날
꽃길 따라 걷지는 못해도
마음은 나비처럼 날아다녔지요

긴긴 겨울밤 기저귀에 싼 오줌은
막내가 몇 번이나 그리다 만
엄마 얼굴이라고

이 봄날
기저귀에 싼 똥은
고향 집 마당에 핀 자목련 꽃이네요

말짱하던 하늘에서
억수같이 내리던 빗물
엄마의 한 많은 눈물이었지요
마지막 가는 길에
좋아하는 불경 소리도 들려주지 못했소

엄마
할미꽃 몇 그루 나복이 핀
아버지 옆에 한 줌의 영혼 묻어주었소

수박꽃

필리핀에서 시집온
뒷집 며느리

낮에는
수박밭, 허리 꼬꾸라지는 줄 모르고
밤에는
아이 만드는 일에
사타구니 벌려놓고 잠잤다

점쟁이 비방대로
부적이란 부적 방마다 붙여놓고
베개 속
팬티에도 아들 낳는 부적

합궁 날짜 잊었다고
사타구니 털 다 뽑았다는
시어머니 등살

사흘에 피죽도 못 먹은 몸으로
수박 순 치다가도
합궁 날
맨땅에 붙어 아들 셋 접붙였다

삼월 삼짇날

장 담그는 날

메주, 명태, 고로쇠 물, 소금
준비물 끝

메주 깨끗이 씻어
장독 안에 넣고 보니

숯, 마른 고추, 대추
빠진 준비물들이 수두룩하다

장독 안에 햇살 가득 넣어도
빠진 것이 또 있다

엄마의 잔소리도
장독 안에 넣어 봉했다

호박꽃 안부

호박꽃이
제일 예쁘다는 엄마는
머리에 호박꽃 핀을 달고
아버지 무덤 옆에 무덤도 없이
있는 듯 없는 듯
가을 햇살에 앉아 있다
저승길 그렇게 멀다고 하더니
벌들이
호박꽃에 일일이 안부 물으면
언제나 그렇듯이
알전구 같은 애호박
몇 개 뒹구는 무덤가
무덤 없는 무덤 속 엄마 안부도
궁금하다

봄의 지퍼가 터지다

초등학교 동창회 날

짧은 치마 속옷 보일까
바지 입은 내 마음 아슬아슬

햇살이 눈 찔끔 감는 사이
관광버스는 흔들흔들

길게 늘어선 벚꽃 길
술기운 빌어 막춤 추는 영수에게

"영수야 앞지퍼 터지겠다"
벚꽃들이 자지러졌다

베토벤

웃는다
아프게 웃는다
그는 오른손이 없다
몇 달 만에
처음으로 왼손을 내밀어 인사를 한다
가슴보다 조금 높게 하이파이브, 그의 손바닥에서 휘파람 소리가 난다
처음 병실로 왔을 때 베토벤을 닮아 베토벤이라고 불렀다
거리에서 노숙 생활 얼마나 했을까!
긴 곱슬머리와 카키색 바바리코트를 걸친 누더기 신사였다
가끔 긴 곱슬머리를 털면서 베토벤이 피아노를 치는 흉내를 내기도 한다
그럴 때마다
그의 눈은 말갛게 촉촉하다
술에 망가진 몸
침대에 묶어 놓았던 날들
온몸 자해의 흔적 죽음도 쉽지 않았던 모양이다
그가 오늘 개구리울음 타는 무논을 지나
아카시아 한 아름을 꺾어왔다
하늘나라 간 아들 이름 불렀다며
병든 병실이 환하다

얄궂어라

요양병원은
할머니 할아버지만 입원하는 곳 아닙니더
젊은 사람들도 요양하러 많이 옵니더

아이구 얄궂어라
사지육신 멀쩡하구먼

할머니,
저 환자는 마음이 아픕니더

마음 아픈 것은 보이지도 않제
그래도 마음 아픈 게 더 좋은기라
이렇게 육신이 아프면
저 밖에 댕기지도 못하제
햇빛하고 동무하고 싶고
바람하고 바람도 피우고 싶고
벚꽃도 동백꽃도 분칠하고 바람이 났는데

누드

공간에 담는다
찰---칵

쑥 향기 그윽한 산기슭
가랑이도 훔쳐보고
언덕배기 줄지어 서 있는 벚나무도
곤곤한 잠에 빠졌다가
황사구름 뿌연 하늘 길 내려와
길섶에서 봄비 맞는다

매몰차게 돌아서는
꽃샘바람 달래니
젖꼭지만 한 꽃망울이
총총 하늘에 떠 있다

봄이 누드를 찍다

절벽의 봄

그녀는 몸을 풀었다
작은 틈 뚫고
민들레 한 송이
물음표처럼 매달려 있다

초록 새순 편지지 하늘하늘 넘기며
하얀 깨알 글씨 꽃망울로 가득 채워
우체통에 후- 우 불어넣는다
투명한 세상으로 가는 길이다

명화 한 점 걸어 놓은 듯 행복하다

함안역

작년 봄,
민들레 씀씀이
다리 오므리고 씨받이 바빴다
발에 밟혀 난산의 고통
아이 안고 야반도주했던
그날
역에서 아이 아버지 기다렸다
새벽기차는 수없이 떠났고
젖무덤 속 아이
화장실에 버린
열여섯 살 엄마는
봄이면
등에 베개 업고 아이 어른다
지금도
함안역 가면 민들레 씨받이
아이 엄마는
길바닥 동전 소쿠리에
아이 어른다

두꺼비의 겨울나기

이 녀석
수도계량기 안에 웅크리고 있다
헌 옷으로 계량기 덮고
수도꼭지까지 꽁꽁 동여맸다

가끔 시골 가는 날
안부 궁금하여 뚜껑 열어 보면
꼼짝 않고 잠만 잔다
며칠 지나면 경칩인데
홀쭉해진 녀석 꺼내
땅속에 넣어 놓고
돌아오는 길
꽃샘바람 매몰차게 분다

경칩 지나 며칠 후
과실나무 몇 그루 심으러 간다는
핑계로
빈집에 들어서자마자
두꺼비 안부 먼저 물었다

작년 여름
장독대 뒤에 숨어 앉아
혀끝으로 화살 쏘던
너의 안부가 궁금하다

부지깽이 낙서

모락모락
밥 꽃으로 피기까지
밥그릇에 가득 담긴 밥알들이
서로의 몸 기대고 포개어져
수백 송이 꽃으로 피기까지
초겨울 저녁 가마솥 눈물 펑펑 쏟아낸다
장작불 살살 달래 뜸 들이는 시간
보따리 장사 나간 엄마 기다리다
부뚜막에 눈 코 입
다 그려도 우리 엄마 오지 않는다
어디쯤 올까 부지깽이로 낙서하다
졸고 있는 내 동생
오늘도
누렁이 등 얼마나 탔을까

쇠비름

대중교통 차고지 맞은편
덕동 가는 버스 정류장
한 귀퉁이
바닥을 기어가는 쇠비름을 본다
반쪽의 몸으로
보도블록 틈 사이 한쪽 다리만 걸치고
한 블록 한 블록
봄을 걸어 가을까지 왔나보다
버스를 기다리는 동안
직사각형의 퍼즐 위 까치발 들고
따라가 본다
한 구간 건너 건널 때마다
잔발 가지 뿌리 내린 고단함 위에
벌겋게 탄 다육질 힘으로
이 하나 빠진 보도블록에
아이들을 쏟아 놓았다

앉은뱅이 엄마 휠체어 밀고
요양병원 입구까지
노랗게 핀 쇠비름 꽃 아이를 본다

쑥을 캔다

여자의
손톱 밑을 보면 살인의 흔적을 느낀다

봄이면
남자의 성기를 자른다

허리가 성하지 않은 여자는
온몸으로
남자의 언덕을 딩굴었다

봄이면 바람을 피우는 여자
가슴에 칼을 품고 다닌다

어제는
앞 지퍼 빵빵한 남자의 성기를 잘랐다

엉덩이가 통통한 녀석이
쑤욱 내미는 것
불쑥 솟은 것
아주 어린 녀석은
왼손으로 잡기는 좀 머쓱해

오른손으로 깊숙이 쑥 찌르면
빨간 성기가 꼿꼿이 선다

여자는 캔다

봄

3월의 눈바람
암병동 뒷마당을
설핏 다녀간 흔적을 본다

목울대 붉게
목발 짚고 선 홍매화 허리춤에
오줌발 날린 놈, 여우비 정력제였을까!

실눈 잠잠 뜨다 말고
입도 꾹 다물었던
청매화도
팬티를 벗었다

놈, 뛰는 놈, 나는 놈
앉은뱅이 들풀들도
아이들을 복제하고 또 복제한다

봄
개구리도
활짝 벗었다
핀다
꽃이 보인다

2

희망 그물 짜기

앉은뱅이 풀/ 늑멸/ 유효기간/ 2009년 4월 1일/ 공간빵/ 병원비/ 용지공원/ 영화를 찍다/ 어느 봄날/ 바람의 일기/ 수족관의 풍경/ 희망 그물 짜기/ 청개구리/ 시월의 마지막 밤/ 바리스타의 의수/

앉은뱅이 풀

밟히면 밟히는 대로 머리 쳐든,
다리 부러지던 날
허리 다치던 날은
누워서 손이라도 높이 뻗었다
"나 여기 있소"
까칠한 봄
숭숭 뚫린 바람구멍 밑으로
하루 종일 비 내렸다
이런 날은
목발 짚고
머리에 흰 띠 둘렀다
날마다 밟힌
몸뚱이 은밀한 곳,
그녀는
앉아서 꽃을 올렸다

능멸

그해 봄
봄꽃들이 당당히 피었다
아카시아 자지러지게 필 때면
팔자걸음으로 산을 오르는 남자
꽃들은 웃음을 멈춘다
늘
정력팬티를 입는다고 자랑하는
그 남자
욕망의 빈자리에
옥 반지를 끼고 다닌다는 소문이 자자했듯이,
환한 햇살 같은 꽃잎들을
가시덤불 속에서 먹어 치웠다
저 잎 속에서
얼마나 많은 꽃잎들이 피를 토했을까
봄,
봄이다
어제의 출구를 잃어버리고
아무것도 기억하지 못한다
땅에 떨어진
옥 반지만 그날을 기억할 뿐

- 마그리트 초상화

유효기간

밤꽃이 핀다
함부로 발설할 수 없는 비밀이 있는 것처럼
여자는
코를 박고 비릿한 향기를 맡는다
버려진 수억 마리의 생명들은
시름시름 앓기 시작했다
벌떼들이 예리한 몸짓으로
가랑이 속을
들락거리면
밤꽃이 환하게 웃는다
열꽃이 핀다 스멀거린다
눈물이 고인다
비밀스런 시선이 머문다
아직도 우리의
시간은 유효한가!
밤에도 밤꽃이 핀다

2009년 4월 1일

샘!
"얄숙이입니다. 잘 사세요. 지는 얼마 못 산답니더."
문자를 보냈다.
"아니 이게 무슨 말이냐 좀 자세히 밝혀보라 통화 가능한지 모르겠다. 지금은 어디메뇨 에고…."
문자 확인하고 나는 산 중턱까지 올랐다. 봄 풍경에 젖은 여고시절로 돌아갔다. 산을 내려오는 길에서 샘의 놀란 모습을 상상하며 깔깔거렸다. 노란 산수유나무 밑에서 다급한 전화를 받았다.
어디냐?
병원입니더 기어들어 가는 목소리를 참지 못하고 웃어버렸다. 샘 오늘이 만우절입니다 한참 침묵이 흐른 후 "너 그러지 마라 내 심장병에 천식까지 있다야, 너 그러다가 늑대 소녀 될라." 졸업식 날 꾸중 들었던 그 날을 떠올리며, 뜬금없이 "샘! 만나서 밥 먹고 노래방 가이시더" "야, 다 늙었는데 무슨"
"샘! 지는 아직 18살입니더." 그러자 승낙하셨다. 오늘 약속도 거짓말인 줄도 모르고… 이런 순진한 샘이 있어서 행복하다. 산을 같이 내려오던 일행은 빙그레 웃으며, 나를 천진난만한 산수유 꽃에 비유한다.

공갈빵

달빛도 없는 동구 밖에서
여우 울음소리 귀 막고
목이 쉬도록 엄마를 불렀다
바람 소리뿐이었다

어둠은
검은 그림자를 뜸 들이다
공갈빵처럼 보름달이 뜨면
등에 업힌 동생도 오금을 편다

그날은
정월 대보름
엄마는 보따리 장사 떠났고
막내는 공갈 젖꼭지 물고 잠들었다
정월 대보름날
엄마가 사다 준
맛있는 공갈빵을 먹듯이
보름달을 야금야금 먹고 싶다

오늘
보름달이 환한 빵가게에 들러
퉁퉁 부풀어 오른
공갈빵을 한 소쿠리 산다

병원비

깡통을 힘껏 찼다

찌그러진 그놈을 날려 버렸다
뜬금없이 전화기 속에서 육두문자가 울었다
영화 속 그놈 목소리보다 더 오싹했다

가방끈 긴 놈이나 짧은 놈이나
잿밥에만 탐내는 줄도 모르고
그저 아들 타령이다

딸년들이 친정 재산 다 빼먹었다고
헛소문 낸 놈, 돈 구경 혼자 해 놓고
벼룩의 간을 빼먹는 중이다

딸들만 병간호하니
며느리는 없느냐고 묻는다

아들은
미국으로 이민 갔다고 때때로
나는 거짓말을 한다

용지공원
― 설치미술

저기
벼랑 끝에
매달려 있는
빈 소주병 하나
아슬히
먼 기억 속으로
시간의 갈피를 열고 있는 동안
누군가
던진 돌에
하반신은 부재중이다

세상의 중심을 향해
빈 몸 어딘가에
의족 같은 풍경 하나
달아주는 바람이 있었다

바람은
부재를 위한 빈자리에
풍경 소리 아늑한
길을 가르쳐 주었다

영화를 찍다

필름이 돌아가는 소리와 함께
키스신이 시작된다
제1신부터 막막하다
앞이 캄캄하다
불같은 호통이 떨어진다
NG 장면만 클로즈업된다
눈을 감아 버렸다
배를 타고
호수를 지나는 순간
누군가 속삭인다
첫사랑을 기억해
여자는 키스신 대신
남자의 품에 안겨
펑펑 운다
호수가
흔들리고
감독은
컷 사인을 울린다

어느 봄날

여섯 살 막내
울음소리보다
앞집 봉덕 아지매 고함 소리
담을 훌쩍 넘었다
마루에 앉아
하얀 쌀밥 훔쳐 먹는
막내의 아득한 모습,
나는
슬픔처럼 울컥 넘어오는
가난한 하늘을 삼켰다
눈만 붙은 막내
남은 쌀밥 다 먹었더라면
덜 억울했을 걸
동생이 밥도둑인데
부끄럽지 않는 까닭
나는 알았다
나도
그날 이후 도둑이 되었다
고모집 부엌에 쌀 훔쳐다
동생들 밥해 주었던
1972년 어느 봄날

바람의 일기

얼룩진 푸른색 원피스
젖가슴은 발길질로
두려움의 흔적이 선명하다
시체와 쓰레기는
넝마가 되어 걸려 있고
잘려나간 손과 발
알 수 없는 빛으로 얼룩져
죽음의 공포를 즐기는
남자의 눈빛
포도주잔을 흔들어 보이는
손끝이 떨린다
날마다
집착을 사랑이라고
클릭하는 남자의 눈에도
별이 뜨고 달빛이
흔들리고 있었다

수족관의 풍경

중환자실 앞
형광등 불빛 속의 수족관을 바라본다
언제나 전원은 켜져 있다
흔들리는 풀들을 본다
작은 돌길 사이로
흔들의자도 흔들리고 있다
누군가 쉬었다 갔을 그곳에
물레방아 쉬지 않고 돌고 있다
간간이 누군가의 비명 소리 들리면
손발이 묶인 하루가 또 간다
고요한 수족관 안
시체 한 구 떠오른다
흘러 물이 되고 싶었던 날들
그런
날은
갇혀 있는 물들도 물비늘을 세운다
물이 되어 흘러가고 싶다
흘러 물이 되고싶다

희망 그물 짜기

꽁치가 60마리 만 원이라고 외치는 늙은 어머니의 목소리, 고유가에 배는 묶이고 뱃사람들은 하릴없이 바닷가에 앉아있다.

실업자 = 실없는 사람!

김 씨는 읍내에서 로또를 샀다. 인생은 한방 블루스라며 유혹의 술잔을 권한다. 김 씨의 희망 찾기 게임은 파도처럼 지칠 줄 모르고, 나는 슬그머니 술자리를 빠져나와 목적 없이 기차에 올랐다. 흘러가는 풍경 사이로 어머니가 말없이 손 흔든다.

닮은 듯 서로 다른 목소리를 내는 파도 소리 멀어져 가고, 기차는 종착역에 멈추었다. 사람들은 바쁜 걸음으로 썰물처럼 빠져나갔다. 나는 역 광장에서 마지막 남은 담배를 물었다. 시야를 가리는 네온사인 불빛 속으로, 이 세상의 방들이 즐비했다. PC방, 노래방, 소주방, 찜질방, 만화방, 불현듯 파도 소리 철썩이는 사랑방이 그리웠다. 초승달이 눈부신 바다가 그리웠다.

김 씨처럼 대박을 꿈꾸지는 않지만, 바다는 초승달처럼 천천히 만삭을 꿈꾸며 아직도 출렁거린다. 망초꽃 환한 오후의 태양 아래 따뜻하게 구워진 슬픔 덩어리가 발등에 떨어진다. 내 안 갇혀 있는 암초 속의 그물을 걷어내는 그날을 위해, 어머니가 있는 빈 배로 견인되어 가는 폭염의 여름날이다.

청개구리

5병동 화장실
손톱보다 작은 청개구리 한 마리
하얀 변기 난간 위에서
몇 번의 점프 끝에 타일 벽면에 납작 붙었다
너 어제도 엿보고 있더니 오늘 또 왔니
깨금발 뛰며 피하기도 잘했지
어쩌다 변기 물 내리는 소리 가슴 철렁하기도
변기 속 요단강 수장되면 저승길인 줄 모르고
날렵했던 녀석
목덜미 잡아 보니 두 손 두 발 힘없이 떤다
목울대 파르르 짧은 파장 사이로
입술이 파랗다
실핏줄 같은 손가락 네 개 발가락도 네 개
손톱보다 작은 몸에 응급으로
링거 달고
이슬 내린 풀밭으로 이송 중이다

시월의 마지막 밤

불금인데 뭐하노
불금이 뭐꼬
불타는 금요일
아 그렇나
시월의 마지막 밤만 기억했는데
야! 그라고 보니
오늘 불금과 시월의 마지막 밤 겹쳤네
그라모
불씨의 밤이다
번개팅하자
부슬부슬 비도 내리고
명태대가리 전에 탁주 한 사발
술안주
명태대가리 빠지면 안 되지
주절주절 술주정
가시나 니 팔자 좋네
시 쓴다고 온 천지 돌아다니고
박진 그 뭐 볼 거 있다고 갔노!
술주정 받아주며
명태대가리 볼가 먹는다
술도 마실 줄도 모르면서
뭐! 시 쓴다고 지랄이고
시가 밥 먹이 주나 고마 때리 차라

시월의 마지막 밤

바리스타의 의수

오른손이 없는 그는
왼손으로
카푸치노 거품 속으로 미소를
밀어 넣는다
약간 허리를 구부리고
하트 모양을 커피 위에 덧칠을 한다
그가
커피잔의 입술을 살짝 밀어 올리면
하얀 거품들이 울컥울컥
일어섰다 쓰러진다
그는
사랑을 사랑이라 쓰지 않고
하트 그림을 그린다
커피 향 따끔따끔 혓바늘
돋던 날
바리스타의 비밀 하나
봄비에 젖는다
나는
바리스타의 오른손을 살짝 스친다

3

치매병동

검둥이/ 개구리울음 소리/ 냉이꽃/ 동백꽃 피던 날/ 북친 코스모스/ 인연/ 검버섯/ 벚꽃이 피던 날/ 쓰레기 올림/ 치매병동/ 아들 걱정/ 행사장에서/ 로또/ 동무/ 맛있는 사투리/ 쑥을 캐면서

검둥이

암병동 뒤란
해바라기 피어 있는 풍경 곁으로
노을빛 시간을 안고
유기견 검둥이의 산고가 시작되었다

해바라기
까만 씨앗처럼 주근깨 숭숭한 얼굴이다
첫째는
누르스름한 바탕에 주근깨 몇 개,

둘째는
하얀색 바탕에 줄무늬 호피색이다
막내는
어미 닮은 검은색 검둥이다

미역국 진하게 끓여
산바라지하는 어느 암환자
새끼 강아지 한 마리
가을이 저물도록 아비 기다렸다지

개구리울음 소리

그는
간호조무사다
냉동고에 간, 쓸개를 두고 출근한다
기도문보다 더 나비 효과가 크다
오늘 깜박 잊고
간, 쓸개를 가지고 출근한 것이 화근이었다
그 환자 갑질 값
천정부지로 올라도
영혼 없는 웃음 티 없이 웃어주고
생각을 휴지통에 버렸다
묵주 목걸이 만지면서 침 꿀꺽 삼켜도
감정노동이 자꾸만 시비를 건다
최저임금도 주먹을 불끈 쥐는 사이
억수 같은 소낙비가 내린다
비 내리는
풍경 속에서 들려오는
개구리울음 소리 목이 더 쉬었다
절절한 사연
다 들어주고 나니 반성문 같은 새벽이 온다

냉이꽃

머리
쇠똥도 벗겨지지 않은 가시나들
숨어서 연애질한다
빼빼 마른 냉이,
가랑이 속에 눈곱만한 꽃송이
악다구니로 피운다

아지랑이 등에 업은 할아버지
그 가시나들
가랑이 속 혼자 다 훔쳐보고
행여,
아랫도리 바람 들어갈까
호미로 덮어준다

동백꽃 피던 날

암병동 입구
동백꽃이 겨울바람을 업고 울고 있다
이파리 반질반질한 발목 잡고
꽃 모가지 똑똑 떨어져 걸어간다

겨울바람은
자기가 바람인 줄 모르듯이
암을 암인 줄 모르고 엉뚱한 곳을 치료했다고
완강한 몸짓으로 반항하는 남자

동백꽃 이야기는
추억처럼 흘러간 시간이다
꽃 모가지
똑똑 부러진 꽃잎들 하늘 바람으로 올라가고

방사선 치료 마치고 돌아오는 날
암병동 입구에
다시 태어나는
꽃봉오리 몽실몽실 동백꽃이 웃고 있다

북천 코스모스

북천역을 놓쳐
달마역에 내렸다

헬륨가스
빵빵하게 넣은
풍선 집을 메고
땡중 둘이
달마 그림 한 장씩 나누어 준다

"보시, 보시, 공짜 그림 가져가시오"

코스모스 하얀 미소 짓고 있는
꼬부랑 길섶에서
코스모스 꽃말처럼
그림 글씨 받아들고
귀엣말 주고받다가

세상에
없는 공짜 보시
달마 그림 한 장이
달마역을 놓쳐 북천역에 내렸다

인연

어스름 저녁
부리 다친 새끼 비둘기 안고 들어온 남자

주사기로 우유와 물을 먹이고
상처에 연고를 발라준다

작은 박스로 집을 만들어 주고
계속 비둘기를 보살핀다

야구를 좋아하는 남자
TV 화면 속을 나와

베란다에 쪼그리고 앉아
비둘기의 눈과 자신의 눈을 맞춘다

어린 시절
병아리 눈이 자불자불 하면
죽었던 기억이 떠오른다고 하며

비둘기 박스 앞
임둘기라는 문패도 달아놓았다

검버섯

 어머니답고 할머니답게, 사는 것이 하나의 통과의례라고 생각해 본다. 거울처럼 투명한 처녀다운 피부가 있었던 적이 있었는데… 내가 좋아하는 것은 꽃이기에 다 안아 주었다.
 그렇다고 저승에서 피워야 할 꽃이 이승의 맨 얼굴에 피어, 질 줄 모른다. 소리 소문도 없이 찾아와 주인 행세를 하는 저승꽃, 의술의 유혹에도 참고 참았다. 그들도 험한 세상 살아보려고 태어났는데… 한순간도 놓치지 않는 재생의 감각이 저승꽃이다. 이승과 저승에 작은 길 하나 만든다.
꽃 중에서도 호박꽃을 좋아한다.
 지인은 저승꽃을 뽑아버리라고 한다. 호박에 줄 긋는다고 수박이 될 수 없는 것을, 저승꽃을 뽑아버리고 나면, 어떤 꽃 둘이 내 얼굴에 화단을 꾸밀지 무섭다.
 딱딱한 수술 침대 위에 누워 동물처럼 실험당하는 꿈, 처녀막이 파열당하는 고통, 벌레에 쏘이는 느낌, 빈대가 얼굴을 파먹는 꿈
 눈을 번쩍 떴다.
 모닝콜이 몸서리치도록 울리고 있다.

벼꽃이 피던 날

뜨거운 여름날
아버지의 가슴처럼
갈라진 논바닥에
벼꽃이 피었다

아버지는
밀짚모자 눌러써도
눈이 데인다

낮도 밤도 아닌
어슴푸레 헷갈리는 시간
안도 바깥도 없는
세월을 꿀꺽 삼킨 아버지

오늘
고향 가는 길
논두렁에 검정고무신 한 짝
뜨거운 지문 남긴 채

아버지의 벼꽃이 아득하게 피어 있다

쓰레기 올림

밀양 얼음골에 가면
사연 많은 편지들이
구겨진 허리로 앉아
'나를 숨기지 마세요'
딱 한 줄 읽고 둘레둘레 살펴보니

첫사랑
그 여자도 찌그러진 깡통으로 앉아
"나를 도로변까지 데리고 가세요."
또 한 통의 연애편지

홀짝홀짝 마신
빈 소주병 주둥이에 고드름이 자라
주절주절 술주정

여러 사연들을
구구절절이 다 들어주고
한입 가득 물고 있는
쓰레기 안주
배가 볼록하다 젊은 우체통

치매병동

침대 다리 밭고랑 삼아
새벽마다 이리저리 더듬다
비닐봉지 소리 부스럭부스럭
몇 고랑 건너 저 병실에서
남자 속옷 뒤집어 입고
저승사자처럼 웃고 있다
콩밭 매다가도 휙 한 번 둘러보고 오줌 싸고
화장지 대신 몇 번 흔들고 바지 올리던 그 버릇
지금도 절름발이 흔들 걸음으로
바지 벗었다 딱, 세 번 털고 바지 올린다
가까운 기억 지워지고
오래된 기억은 단단히 뭉쳐져
아무리 부정하고 싶어도
신발 두 짝
하루 종일 가슴에 품고
도둑놈아 내 신발
치매병동이
쩌렁쩌렁하다

아들 걱정

술 한 잔 마시고 늦게 들어가면
노모 잠 못 든다
현관문 살며시 열어도
고요함은 잠을 깬다
큰 보폭으로 발자국 옮기면
큰방에서 들려오는 소리
거쳐 거쳐 언간이도 빨리 왔다
전화는 와 안 받노
손가락에 기브스했나
몽롱하게 들려오는 잠꼬대 소리인가 싶어
어무이
주무시던 잠이나 쭉 자이소
딱 한 잔 했소
이놈의 자슥아
설천 소가 웃겠다 쯧쯧

행사장에서

"노래야 가자"
음악이 쿵짝쿵짝 몸은 흔들흔들
가수보다 더 잘 부른다
앵콜이
더 익살스럽게 웃기고
온몸으로
노래를 부르는 서 부장
관객들에게 박수만 잘 쳐도
선물이 우르르 쏟아진다고
그렇게 그렇게 불러 모은 관객들 앞에
1차 공연이 끝나고
본론으로 들어간다
제품 소개 비교분석 입에 짝짝 달라붙게
관객들의 마음 끌어당긴다
이 정도 되면 박수를 쳐 달란다
충동구매 꼭 붙잡아도
흔들리는 마음들
사지 않아도 박수라도 쳐주어야지
나는
박수를
할부로 치지 않고 일시불로 몽땅 쳐주고 왔다

로또

"복이란
내 것을 꺼내서 나누는 것"

손 한번 잡아주면
1억 복이 들어오고
미소 한 번 지어주면
10억 복이 들어오는
로또가게에는 손님이 없고

험상궂은 얼굴 하면
100억 복을 까먹는다는
로또가게 앞에 줄 서서 복권 사는 모습
나도
슬며시 그 줄에 서서 복권을 산다

동무

빨간 소쿠리 들고
둑에 앉아 쑥 캐는 할아버지
서로의 속사정 쑥털털이처럼
탈탈 털어 보이며
쑥도 냉이도 소쿠리에 누워
시든 봄

늙은이들
노인정에 다 가는데
나는 한 번도 가지 않았다
할아버지 와 예?
남사시러바서!

아랫도리 튼실할 때
꽃뱀한테 오지게 물려
지금은
말똥비름처럼 납작하게
엎드려 중풍 걸린 할머니
병수발 신세

요양보호사와
붙어먹었다고 애먼 소리 들어도
할머니 좋아하는

도다리 쑥국 입으로 끓이는
할아버지 이야기
봄볕도 귀 쫑긋 세우고
앉았다 가는 봄 언덕

맛있는 사투리

부엌과 정지를 사이에 두고
손자는 할머니의 말을 똑똑 따 먹는다
"슬기야
돈 이자뻔다. 갬치(호주머니) 넣어라"
할머니 갬치가 뭐예요.
갬치 주붕에 붙어있네 할머니 주붕이 뭐예요.
뭐예요? 뭐예요? 말꼬리마다 병아리 주둥이 물음표를 단다.
정지로 들어온나 갬치 돈 넣자
만 원짜리 한 장 불안한 오후
정지를 몰라 뒤뜰을 기웃기웃하니
굴묵(뒤안) 뒤는 뭐하로 갈라꼬
정지가 여다 여기
친정엄마는 부엌에서 외손자를 부른다
사투리 공부
해그림자 질 때까지
여기는 통시(변소)다 단디 기억해라
아까처럼 굴묵 뒤 가서 똥 싸면 안된다.
할머니 여기는 화장실이네요
화장실은
너그 집에 물 쫙 내려가는 것이고
손자는
큰 눈알만 굴리며 할머니 입만 쳐다보고

맛있는 사투리 받아먹다 꼭꼭 씹는다.
돌아오는 차 안에서
"엄마 쌔때 알아요.
열쇠도 몰라요 열쇠가 쌔때라고요"
할머니가 가르쳐 준 사투리
해가 빠지도록 외우고 있다.
갬치는 주붕에게 돈 만원을 맡기고
굴묵 뒤를 돌아 정지를 거쳐
급하게 통시까지
할머니의 쌔때와 손자의 열쇠 사이에서
고단한 하루 입을 채운다.

쑥을 캐면서

 온몸으로 끌고 가는 봄이다. 쑥 캐는 일이 소풍이라고 푸른 이야기 쏟아낸다. 논두렁 밭두렁 누비다 소쿠리에 담아둔 쑥 다시 들었네. 무딘 칼날도 땅속에서는 번쩍이는 법, 본능으로 손에 힘 들어간 칼 칼집 속에 넣는다. 풍경 소리 따라 절 마당 와서야 해탈의 불경 소리 마음에 담는다 봄 햇살 얄궂다 꽃샘바람 매섭다 시어머니 심술처럼 멀쩡한 하늘 비가 내린다.

4

통기타를 배우며

스타키 사세베리아/ 원+원/ 기억/ 내원사/ 코로나19/ 허공에도 원룸을 짓는다/ 외할머니/ 대화/ 일일 남편/ 연장/ 불모산 저수지에서/ 통기타를 배우며/ 쫀디기/ 안구건조증/ 생쥐깡을 먹으며/ 말장난/ 전립선 아리랑/ 비상구는 없다

스타키 산세베리아

저 남자
수상하다
꽃도 나무도 아닌 것이
멋지게 앉아
폼 잡고 있다
아담한 키
이파리 하나 없다
눈 코 입 귀 팔 다리
어디에도 없다
저 남자
참 수상하다
푸른색 원통
그 몸 안
은밀한 비밀
궁금하다

원+원

내 작은
단칸방의 풍경 하나
누렇게 탈색된
벽지들 제법 환하다
이력서를 벽지처럼
도배했던 기억들
나는
아직도 비정규직이다
어제의 신선했던 빵
오늘
낡은 진열대 위
원+원 인생이다
내일이면
유통기간 지나
폐기처분되는 저 빵을
나는
오늘도 산다

기억

기억나지 않는 기억을 기억해 내라 한다

날마다
기억이라는 직업을 생각하며
기억을 기다리며
기억되지 않는 기억 속으로

아버지의 옛 무덤 앞에서
기억을 꺼내는 법을
기억을 기다리는 법을 연습해 본다

아버지의 묵정밭 언덕
보라색 오동꽃을 바라보며
기억나지 않는 기억을 위해
기억이 기억을 기억해 준 오늘

아버지의 땅 그늘에서
날마다 하모니카만 켰던 베짱이가 기억났다

나는
거짓 기억을 기억해 내라는 베짱이 앞으로
아버지의 땅문서에 도장을 땅땅 찍은
기억만 기억할 뿐

내원사

내원사 가는 길
어린 쑥들이 마른 풀섶에 숨어
스님의
불경 소리 듣고 쭈뼛 피었다

거무스름한 얼굴 털털한
냉이도
땅에 납짝 엎드려
부처님께 108배를 올리는 중이란다

스님 옆구리에
매달린 바구니 안에
냉이, 쑥도
템플스테이 가는 중이라고

코로나19

모니터에 매달린 목숨줄 휑하니
숫자 0을 향해 다급하게 울리다가
다시
파란색 숫자를 힘차게 올린다
목숨은 쉽게 끊어지지 않는다
코로나의 기로에서
올 수 없는 가족을 기다리는
쓸쓸하고 고독한 죽음으로
모니터의 생명줄은 더 이상 작동하지 않는다
죽음은
몇십 분을 앞서갔지만
당직 의사가 도착한 시간에 사망선고를 내린다
기억의 시간은 기록되지 않는다
시간의 퍼즐들이 완성된 증거만 기록될 뿐이다
몸에 주렁주렁 달린 이승의 줄들
산소마스크를 벗기고
링거줄과 소변줄을 제거하자
죽음 앞에서 보지 못한
죽음 뒤의 얼굴이 참으로 편안하다

허공에도 원룸을 짓는다

집주인은 지금 입원 중이다
그 틈을 비집고
허공에는
바쁜 동거가 시작되었다
세간살이 하나 없이
사랑만 먹고 사는 잠자리 부부
빙그르 미소가 호박꽃에
눈이 간다
꿀벌들은 호박꽃에 짐을 풀고
4박 5일 신혼여행 중이란다
우리도 저런 시절이 있었는지
벌레들의 푸른 삶이 눈부시다
허공의 넓은 마당
거미들은 섬세하게
원룸을 짓는다
여러 수십 채의 원룸,
나는
내 집의 주소를 잃어버리고
거미줄에 달린
초인종을
조심스레 눌러 본다

여기 방 있소

외할머니

흑백사진 속
오두막 한 채 찾았네요

사진 속 머물고 있는
외할머니댁 비집고 가는 길
참새미 옹달샘 우물길에
어린 숙이는 물동이를 이고 오네요

숙아 짜빠질라 단디 오거라
메아리 되어 돌아오는
외할머니의 목소리도 마중 나와 있네요

하룻밤 자고
집으로 돌아가는 길
가마솥에서 꺼내 주시던 물고구마
숙아 가다가 배고프면 묵어라
갬치* 손 빼고 가거라 자빠지면 코 깬다
해 떨어질라 골짝 길 단디 가거라 돌삐** 조심하고

오두막집 흑백사진 속에서
오랜 세월 잊었던
할머니 목소리도 들리네요

* 호주머니 경상도 사투리
** 돌멩이 경상도 사투리

대화

달빛이
창가에 귀를 대고 있다
아무도
울지 않아도 귀가 먹먹하다

그렇게 죽은 사람은
장례식장으로 바쁘게 옮겨갔고
가족들은 호상이라고 웃는다

죽은 할머니의
빈 침대를 사이에 두고
두 할머니의 대화가 조근조근하다

우리 언니가 104살에 세상을 배렸다
내 한테 기별도 없이
그렇게 세상을 배렸다

또박또박 말과 말 사이에
글케글케 참 글케
우리 오빠가 니한테 연락도 없이 가나

언니가 세상을 떠났는데
오빠가 세상을 떠났다가 되고

말도 안 되는 말
주거니 받거니 대화가 익어간다

이불을 토닥토닥 정리하는
할머니
펴도 펴지지도 않는 이불을
잘 펴졌다고

서로가 서로에게 고맙소 고맙소
글케 글케
말씀을 들이며

아참,
오빠는 기별이 왔는기요
기별은 무슨 기별

저승사자
왔다간 빈 침대를 사이에 두고
초록이 치매 할머니의
내화가 조근조근 글케 아프다

일일 남편

질경이 풀을
신문지에 둘둘 말고

카메라로
온 세상을 다 컨닝하는 여자

그 뒤를 따르는 남자
오늘의
일일 남편이라 소개한다

여수 엑스포 현장
오늘의 미션
뭉치면 죽고 흩어지면 사는 것

질경이 풀을 들고
사라진 여자
흩어져야 사는 그 역설을 잠시 잊은 것

여수 엑스포 관광
추억의 엑스가 되었던 하루

연장

엄마
떠난 후 첫봄

산소 앞에
할미꽃이 피었다

엄마는
할미꽃처럼 말을 한다

사부작사부작 캐라
비탈 쑥이 맛있다

단디 보고 쑥 캐라
뱀 나올라

엄마와
쑥 소풍의 끝은 쑥국이었다

칼도 없이
쑥 캐넌 엄마 손
손이
연장이고 연장이 손이었다

불모산 저수지에서

저수지 안에 떠 있는
빈 플라스틱병 하나
흐르는 듯 제자리 맴돈다
어디론가 흘러 닿고자
시퍼렇게 눈 뜨고
몸부림친다
지치고 슬픈 날은
산은 산대로 붉게 바스락거리고
물은 물끼리 어우러져
하나를 이룬다

물 위에는 아무도 없다

통기타를 배우며

관객은 없고 아카시아 하얗게 목 놓아 울었던 자리
먼저 떠난 친구의 눈물을 열창했던 그 시절
"사랑 그 쓸쓸함에 대하여" 가수 양희은을 흉내 냈다

바람은 언제나 쓸쓸하게 불었고
나의 창백한 목소리는 한 번도 타오르지 못했다
내 삶의 작은 모서리에 둥근 창문 하나 만들기 위해

이제 막 돌 지난 아이가 되어
첫걸음마를 걷는 중이다
장님이 되어버린 귀를 쫑긋 세우고

노래 한 곡 듣고 일주일을 끙끙거려도
연주의 거리는 좁혀지지 않지만
연습하는 동안 행복한 거리는 봄이다

쫀디기

불량 몸무게 백육십 그램
대전 처서로 석교에서 태어났다
식용색소 황색 5호 치자색 옷을
예나 지금이나 입고 다닌다
초등학교 시절 불량 학생으로
낙인찍혀도
코흘리개 시절
추억의 불량 학생이었지, 우리 모두

몇십 년 지나 해숙 씨가
쫀디기 손잡고 시창작반에 나타났다
나는
반가운 마음에 덥석 안았다
그동안 얼마나 변했는지
속속들이 알아보니
밀, 대두, 소맥분, 미국산 호주산으로
그동안 외국물 많이 먹었는지
오백육십 칼로리 촌티 다 벗고
폼 나게
요양제과 사장이라 빼기고 있네

안구건조증
 – 봄눈이 내리던 날

 봄이면 마른나무들은 자주 안과에 갑니다. 의사는 늘 "눈물샘에서 눈물이 나오지 않는군요. 억지라도 울어 보세요." 세상에는 억지로 하는 일이란 그리 쉬운 일이 아닙니다. 억지로 슬퍼하면 슬퍼할수록 눈동자는 핏발이 서고, 세상의 아픔들은, 지나간 계절처럼 혼자 서 있습니다.

 마른 가지에서 솜털이 돋던 날, 봄눈을 맞아 본 적이 있나요. 산속에 갇혀, 차가운 눈을 먹어 본 적이 있나요. 그날 비음산 기슭에서 아름다운 풍경들을 만났습니다. 죽은 나무에 꽃이 피는 것을 보았습니다. 죽은 새의 날개 펴는 소리, 산수유 가지에 걸린 노란 손수건에, 눈물 훔치는 소녀의 슬픈 사랑도 보았습니다.

 풀잎이 기지개 켜는 소리, 새의 웃음소리, 산수유 가지에 하얀 마음을 흔들어 놓는 모습, 까치구멍에 도란도란 이야기꽃을 피우는, 이런 풍경들이 까닭 없이 눈물을 흐르게 합니다.

 하얀 손수건을 흔드는 3월의 끝, 통나무 다리 위에 눈물꽃 한 아름 걸어놓고 내려왔습니다.

생쥐깡을 먹으며

추억의 새우깡
불매운동 시작된 줄 모르고
나는 새우깡을 산다
줄줄이 포박되어 돌아온
일그러진 모습들이
계산대에서 노려본다
어쩌면,
내 몸속에
오래전부터
생쥐들이 살고 있었는지 모른다
생각주머니는 알 수 없는 영역을
거부당하고 돌아오는 날
아무도 찾지 못하는
푸른쥐 구멍 속으로
반품되어 돌아온
나를 본다

말장난

네모진 원고지 칸수마다
클로즈업되어 오는 언어들이
말장난을 걸어온다
날카로운 시어들이
가슴 한복판에 서성이지만
시가 되지 않는 시
그럴 때마다
야수처럼 달려드는 언어가 떠오른다

얼음 덩어리를 내보이면서
고체가 아니라고
열변을 토하는
어느 시인의 눈빛
"고뇌하지 않는 건, 시가 될 수 없다고"
매일매일
대문을 잠그듯이
흔들리는 마음을 채웠다
절망은 해도 좌절은 하지 말라며
가슴에 대못을 박는
어느 시인의 눈빛이 선하다

전립선 아리랑

영감님은
어디 아파서 입원했는기요?
아! 그게그게

붉게 서 있는 할아버지
혼자 세워두고
할머니 셋이서 이것저것 묻는다

지팡이 짚고도 새우등처럼
둥근 모습으로
뚝뚝 끊어진 말을 씹는
을년 할머니

말해보소
병은 한 가지, 약은 만 가지요
소문내 보소
아 그게!
곤란한 표정 지으며
마지못해
손짓으로 아랫도리 가리킨다

요양병원 마당 햇살도
길게 목을 빼는 하루

비상구는 없다

 메밀꽃이 피었다고 활짝 웃던 사람들이 숨바꼭질을 한다. 술래는 카지노의 불빛 속으로 들어간 사람들을 찾지 못한다. 그리움에 지쳐 떠난 사람도 돌아오지 않는다. 아이들의 웃음소리가 쟁쟁하던 운동장은 오늘도 비어 있다. 이 세상 어디에도 그가 찾는 화두의 출구는 폐광되어 버렸고, 그는 안개로 돌아왔다.

■ 시집 해설

삶을 이기는 해학諧謔의 지혜
-안진숙 시집 『봄 지퍼가 터지다』

임창연(시인·문학평론가)

■ 시집 해설

삶을 이기는 해학諧謔의 지혜

임창연(시인·문학평론가)

시작하며

시인詩人이란 무엇인가? 이 물음에 대한 질문은 늘 반복되어 왔다. 프리드리히 횔덜린은 "사유가는 존재를 진술하고 시인은 성스러운 것을 명명한다"라고 말했다. 과연 이 명제에 부합하려고 시를 쓰는 시인은 얼마나 되겠는가라는 질문이 있을 수 있겠다. '성스러운 것을 명명한다'라는 말은 마치 창조주의 경지에서 문장을 만들어낸다는 말과 같다. 성경의 창세기에 기록에 의하면 하나님은 사람을 창조한 이후 동물들을 창조할 때 그 이름들을 아담에게 맡기셨다. 하나 하나 이름을 명명할 때 '부시기에 심히 좋았더라'고 기록되어 있다.

세상의 모든 존재는 이미 지어져 있고 그것을 진술하고 다시 명명하는 것은 인간의 몫이다. 그럼

시詩는 무엇인가? 아치볼드 매클리시는 시란 무엇인가를 시적 이미지와 은유로 표현하면서 "시란 의미하는 것이 아니라 그냥 존재하는 것"이라고 말했다. 하지만 그 존재하는 것을 문장으로 다시 명명하는 것이 시인의 주어진 숙명이다. 남들은 그냥 지나치면 되는 존재를 다시 명명하는 의무를 지닌 것이 시인인 셈이다. 이미 수많은 시인이 세상의 존재와 사물들을 명명했건만 또다시 다른 명명을 해야 하는 부채를 지닌 시인은 어쩌면 천형을 받은 존재이다.

여기에 안진숙 시인이 첫 시집 『봄의 지퍼가 터지다』를 세상에 내어 놓는다. 시인은 세상을 보는 관점도 태어난 환경과 현실에 거주하는 공간에 따라 다른 목소리를 낼 수밖에 없는 것이다.

이에 그의 시의 흔적을 따라서 함께 이야기를 나누고자 한다.

이웃을 향한 시선

시인의 마음은 어디로 향해 있을까? 그의 시를 따라가면 그 마음을 읽을 수가 있다.

월영남 5길 8번지

좁은 골목 안 좌판
한쪽 대문만 빼꼼이 열려 있는
하루
한 번 오가는 길
딱히 살 것 없어 쪽파를 샀다
오천 원짜리 한 장, 머리에 쓱쓱 문질러
줌치에 넣고
거스름돈 다른 줌치에서 꺼낸다
할머니 계산법
쪽파값 계산하지 않고 천 원짜리
다섯 장 거슬러 받아
다시 그 돈으로 쪽파 값을 계산하니
아가씨 고마우이 하신다
자꾸 불러주는 아가씨란 호칭
지나가는 행인들 힐끔힐끔 쳐다본다
쪽파값은 하락했고 아가씨 값은
천정부지로 올라
그 당혹감 어찌하지 못해
사장님
아가씨 아닙니다 했더니
사장은 무슨 사장 하시며
구십 넘은 할머니가 손사래를 친다
─「골목 안 풍경」전문

 매일 한 번 오가는 골목길에는 구십 님은 할머니가 좌판을 벌여놓고 있다. 시인은 그냥 지나치지 못하고 쪽파를 한 단을 산다. 당장 필요해서 산 것은 아니다. 매일 지나치면서 마음에 부채가 진 까닭이다. 그러나 그 부채는 계산대에서 바코드로 읽히는 정확하고 빠른 계산이 아니다. '오천 원짜리 한 장, 머리에 쓱쓱 문질러/ 줌치에 넣고/ 거스름돈 다른 줌치에서 꺼낸다'는 골목 좌판의 주인장 할머니만의 계산법이다. 오천 원짜리 한 장이 천 원짜리 다섯 장으로 되돌아와서 물건을 산 사람이 다시 계산해 주는 느긋한 셈법이다. 그리하여 아줌마는 아가씨로 가치가 상승하고 주인장은 사장으로 상승하는 말의 셈법이다. 이 셈법들은 이웃이라는 따스한 눈길이 없다면 이루어지지 않을 계산이다.

이것은 다른 시 – '열여섯 살 엄마는/ 봄이면/ 등에 베개 업고 아이 어른다 –「함안역」'이나 '나는/ 박수를/ 할부로 치지 않고 일시불로 몽땅 쳐주고 왔다 –「행사장에서」' 그리고 '바리스타의 비밀 하나/ 봄비에 젖는다/ 나는/ 바리스타의 오른손을 살짝 스친다 –「바리스타의 의수」'에서도 따스한 시인의 시선이 시로 만들어진 작품들이다. 시는 존재에 대한 관심이며 존재 너머의 이야기를 문장으로 끌어내는 작업이다. 마음의 그물을 던져 넣어 천천히 끌어당겨야만 잡아낼 수 있는, 문장이라는 고기를 잡는 과정인 것이다.

오른손이 없는 그는
왼손으로
카푸치노 거품 속으로 미소를

밀어 넣는다
약간 허리를 구부리고
하트 모양을 커피 위에 덧칠을 한다
그가
커피잔의 입술을 살짝 밀어 올리면
하얀 거품들이 울컥울컥
일어섰다 쓰러진다
그는
사랑을 사랑이라 쓰지 않고
하트 그림을 그린다
커피 향 따끔따끔 혓바늘
돋던 날
바리스타의 비밀 하나
봄비에 젖는다
나는
바리스타의 오른손을 살짝 스친다
— 「바리스타의 의수」 전문

오른손이 의수인 바리스타가 만든 카푸치노를 마시며 시인은 결코 동정 어린 시선을 보내지 않는다. '카푸치노 거품 속으로 미소를/ 밀어 넣는' 바리스타의 마음처럼 무언의 격려를 보내고 있다. 사랑은 관심이며 마음을 끌어안는 일이다. 시가 만들어지는 과정은 바로 세상의 존재를 향하여 사랑을 하는 일이다. 관찰과 사유를 통한 문장의 벼리기다. 그 결과물이 시로 만들어지는 것이다. 결코 사랑 없이 만들어진 시는 독자들에게 감동을 주지 못한다

가족이라는 이름

가족이라는 공동체는 태어나는 순간 선택 없이 주어지는 공동 운명체이다. 시인 역시 이 문제는 피할 수 없는 일이다. 그 중에서도 엄마라는 존재는 가장 아픈 손가락이다. 이 엄마를 시로 아름답게 노래한 작품을 만난다.

>봄날
>꽃길 따라 걷지는 못해도
>마음은 나비처럼 날아다녔지요
>
>긴긴 겨울밤 기저귀에 싼 오줌은
>막내가 몇 번이나 그리다 만
>엄마 얼굴이라고
>
>이 봄날
>기저귀에 싼 똥은
>고향 집 마당에 핀 자목련 꽃이네요
>
>말짱하던 하늘에서
>억수같이 내리던 빗물
>엄마의 한 많은 눈물이었지요
>마지막 가는 길에
>좋아하는 불경 소리도 들려주지 못했소

> 엄마
> 할미꽃 몇 그루 다복이 핀
> 아버지 옆에 한 줌의 영혼 묻어주었소
> 　　　　　－「엄마」 전문

 '기저귀에 싼 똥'이 '고향 집 마당에 핀 자목련 꽃'이라니. 이 얼마나 어머니를 애련하면서도 미려하게 노래한 문장인가. 엄마의 죽음에 대한 요란한 슬픔의 문장 대신 행간에는 눈물을 숨기고 '아버지 옆에 한 줌의 영혼 묻어주었소'로 문장을 마무리한다. 시는 문장의 절제와 아름다운 시어로 만들어지는 예술품이다. 눈물 대신 아름다운 문장으로 들려주는 「엄마」라는 노래가 만들어진 것이다.

> 호박꽃이
> 제일 예쁘다는 엄마는
> 머리에 호박꽃 핀을 달고
> 아버지 무덤 옆에 무덤도 없이
> 있는 듯 없는 듯
> 가을 햇살에 앉아 있다
> 　　　　　－「호박꽃 안부」 일부

 위 작품 역시 엄마의 기억을 노래하고 있다. 딸에게 엄마는 더 없는 동병상련의 관계이다. 고스란히 그 길을 따라 걷고 있는 자신을 보기 때문이다. 여자라는 운명은 남자들이 흉내도 못 내는 해산의 고통과 살림살이라는 작업이 늘 따른다. 그래서 그 다른 이름이 아내라는 호칭으로 불리는 것이다.

가족이라는 세상의 기초가 되는 공동체는 사랑과 희생 없이는 세워질 수 없는 성체인 것이다.

시인은 아버지도 빼놓지 않고 이야기한다.

뜨거운 여름날
아버지의 가슴처럼
갈라진 논바닥에
벼꽃이 피었다

아버지는
밀짚모자 눌러써도
눈이 데인다

낮도 밤도 아닌
어슴푸레 헷갈리는 시간
안도 바깥도 없는
세월을 꿀꺽 삼킨 아버지

오늘
고향 가는 길
논두렁에 검정고무신 한 짝
뜨거운 지문 남긴 채

아버지의 벼꽃이 아득하게 피어 있다
  －「벼꽃이 피던 날」 전문

아버지의 가슴은 '갈라진 논바닥에/ 벼꽃'처럼 늘 바깥에서 노동이라는 일로 몸이 고단하다. '밀짚모자 눌러써도/ 눈이 데인' 그런 현장에서 작업을 하고 있다. 마치 뜨거운 여름날 바깥에 놓인 에어컨 실외기처럼 가족들을 위해 시원한 바람을 제공하는 존재이다. 올해처럼 폭염에 시달리는 여름에는 더더욱 아버지의 존재는 쓸쓸하고 아픈 이름이다.

어스름 저녁
부리 다친 새끼 비둘기 안고 들어온 남자

주사기로 우유와 물을 먹이고
상처에 연고를 발라준다

작은 박스로 집을 만들어 주고
계속 비둘기를 보살핀다

야구를 좋아하는 남자
TV 화면 속을 나와

베란다에 쪼그리고 앉아
비둘기의 눈과 자신의 눈을 맞춘다

어린 시절
병아리 눈이 자불자불 하면
죽었던 기억이 떠오른다고 하며

> 비둘기 박스 앞
> 임둘기라는 문패도 달아놓았다
> – 「인연」 전문

위 인연이라는 시는 아버지라는 다른 이름의 남편을 이야기 한 시이다. '어스름 저녁/ 부리 다친 새끼 비둘기 안고 들어온 남자'는 '주사기로 우유와 물을 먹이고/ 상처에 연고를 발라'주는 따스한 마음을 가진 남자이다. 아마 이 시의 결과는 그 비둘기가 건강하게 회복해서 자연으로 돌아갔다는 이야기로 끝날 것이다.

이 따뜻한 마음을 가진 남편은 늘 자신과 가족을 위해 헌신하는 아내를 위해 생일선물로 이 첫 시집 『봄의 지퍼가 터지다』를 깜짝 선물로 마련했다. 아내에게는 끝까지 숨겨달라고 말하며 준비를 했다. 이 시집을 받아 든 안진숙 시인의 기쁨이 얼마나 기쁠지는 상상이 되고도 남는다.

시인이 만나는 삶의 현장

> 그는
> 간호조무사다

냉동고에 간, 쓸개를 두고 출근한다
기도문보다 더 나비 효과가 크다
오늘 깜박 잊고
간, 쓸개를 가지고 출근한 것이 화근이었다
그 환자 갑질 값
천정부지로 올라도
영혼 없는 웃음 티 없이 웃어주고
생각을 휴지통에 버렸다
묵주 목걸이 만지면서 침 꿀꺽 삼켜도
감정노동이 자꾸만 시비를 건다
최저임금도 주먹을 불끈 쥐는 사이
억수 같은 소낙비가 내린다
비 내리는
풍경 속에서 들려오는
개구리울음 소리 목이 더 쉬었다
절절한 사연
다 들어주고 나니 반성문 같은 새벽이 온다
  　　　　　－「개구리울음 소리」 전문

 시인은 요양병원에 근무한다. '냉동고에 간, 쓸개를 두고 출근'하는 일이다. 환자의 갑질로 마음을 상하는 한두 번이겠는가. 본인은 감정노동자라 했지만 육체노동도 상당한 것이 요양병원이기도 하다. 직업의 특성상 야간근무도 병행해야 하니 노동의 강도도 셀 것이다. '절절한 사연/ 다 들어주고 나니 반성문 같은 새벽이' 오는 현장이다. 그러는 가운데도 시인은 주위의 자연과 환자들에게도 관심을 놓지 않는다.

> 달빛이
> 창가에 귀를 대고 있다
> 아무도
> 울지 않아도 귀가 먹먹하다
>
> 그렇게 죽은 사람은
> 장례식장으로 바쁘게 옮겨갔고
> 가족들은 호상이라고 웃는다
>
> - 중략 -
>
> 저승사자
> 왔다간 빈 침대를 사이에 두고
> 초록이 치매 할머니의
> 대화가 조근조근 글케 아프다
> 　　　　　　 -「대화」일부

요양병원이라는 특성은 노인들이기에 늘 죽음이 가까이 있다. 삶에 있어서 피할 수 없는 일이다. 그러나 어떤 사람에게는 호상이 되고 어떤 사람에게는 커다란 아픔이 된다. 시인의 시가 죽음에 대해 더 깊은 성찰로 이끌어지는 현장인 것이다.

이밖에도 다루지 못한 시들 중에는 삶을 이기는

해학諧謔의 지혜가 있는 – '엄마의 잔소리도/ 장독 안에 넣어 봉했다 –「삼월 삼짓날」'이나 "'샘! 지는 아직 18살입니더'" 그러자 승낙하셨다. 오늘 약속도 거짓말인 줄도 모르고… –「2009년 4월 1일」' 그리고 표제작인 "'영수야 앞지퍼 터지겠다"/ 벚꽃들이 자지러졌다 –「봄의 지퍼가 터지다」' 등은 시인이 삶을 살아가는 현장에서 유머로 주위 사람들을 늘 기쁘게 해 준다는 것을 알 수가 있다. 실제로 안진숙 시인은 모임에서 좌중을 기쁘게 하는 대화를 툭툭 던져서 모두를 웃게 만드는 센스가 있다. 그런 삶의 태도가 시에서도 여지없이 보이고 있다.

첫 시집 『봄의 지퍼가 터지다』는 안진숙 시인의 삶을 하나로 묶어서 독자들에게 보여주는 출발점인 동시에 시인으로 한껏 도약하는 전환점이 될 것이다. 지금껏 보여준 행보 위에 시의 깊이도 더해지고 앞길에 보이지 않는 안개가 걷히고 꽃길에 꽃이 더 만발하는 시간이 많기를 응원한다.